Airplane

COLORING BOOK FOR ADULTS

SKETCH DESIGN

I0408342

COLORING BOOKS
FOR ADULTS

This Book
belongs to

- - - - - - - - - - - - - - - - -

- - - - - - - - - - - - - - - - -

- - - - - - - - - - - - - - - - -

TEST YOUR COLOR

For Your
Design

For Your
Design

For Your
Design

For Your
Design

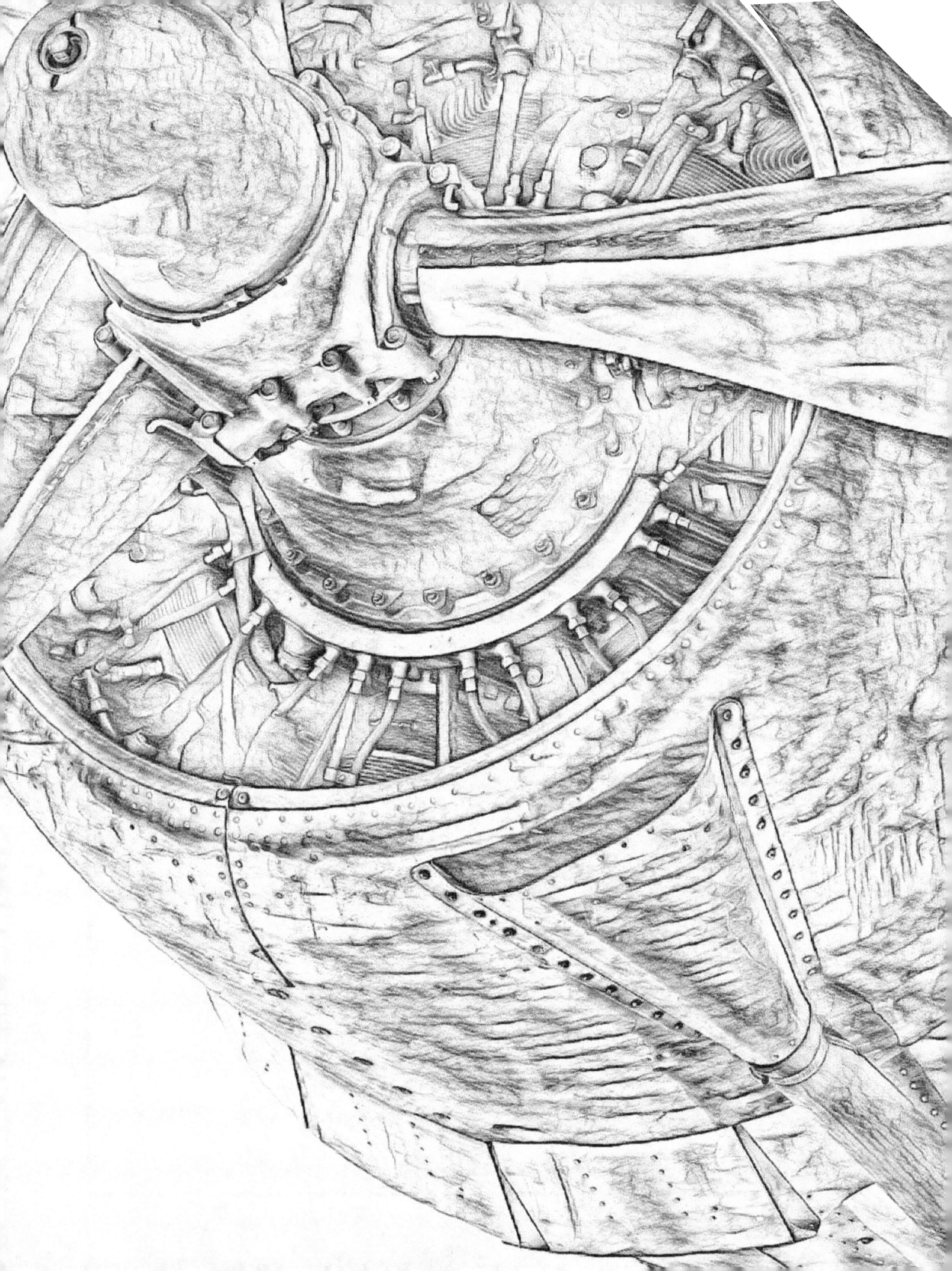

For Your
Design

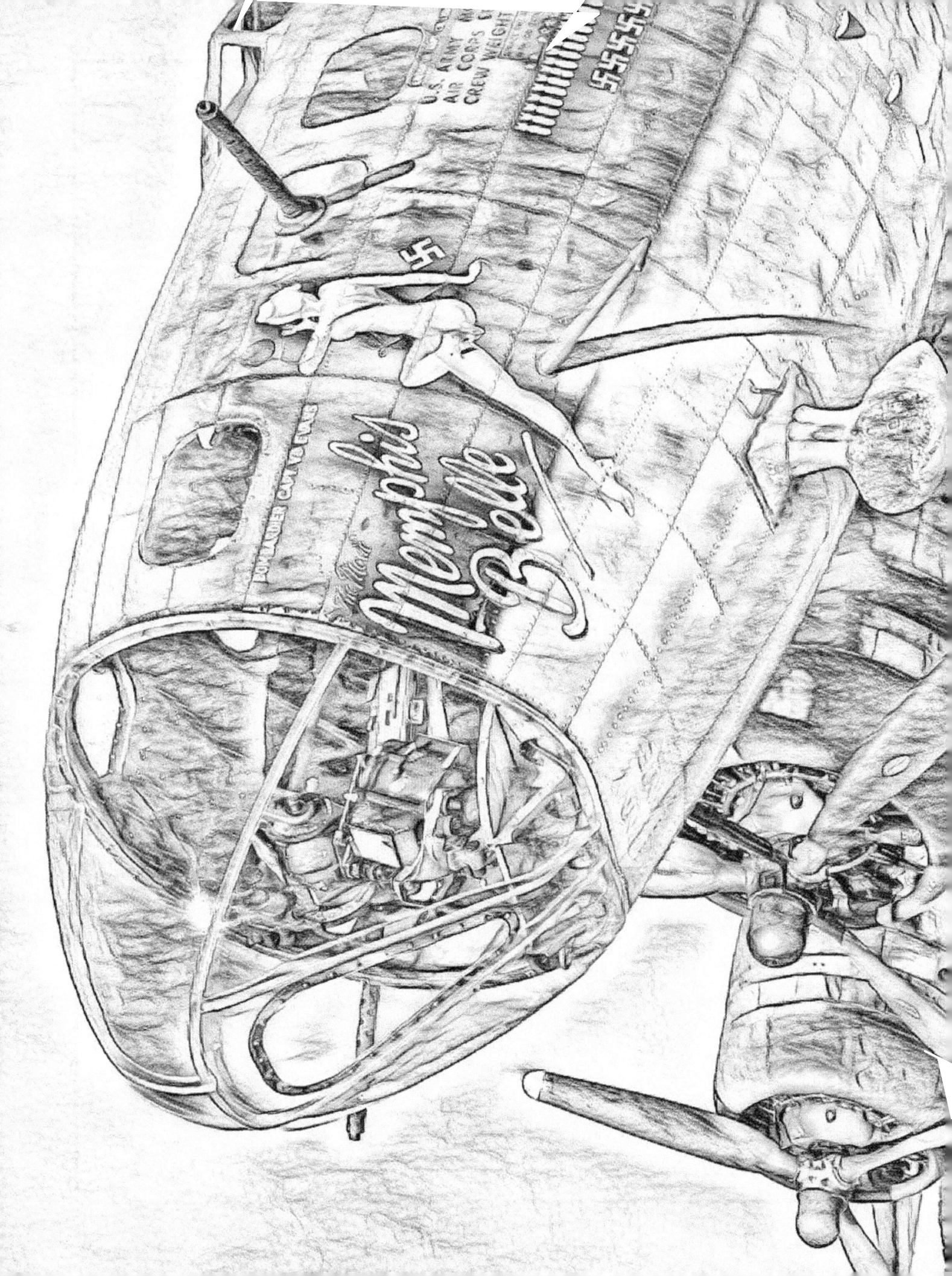

For Your
Design

For Your
Design

For Your
Design

For Your
Design

For Your
Design

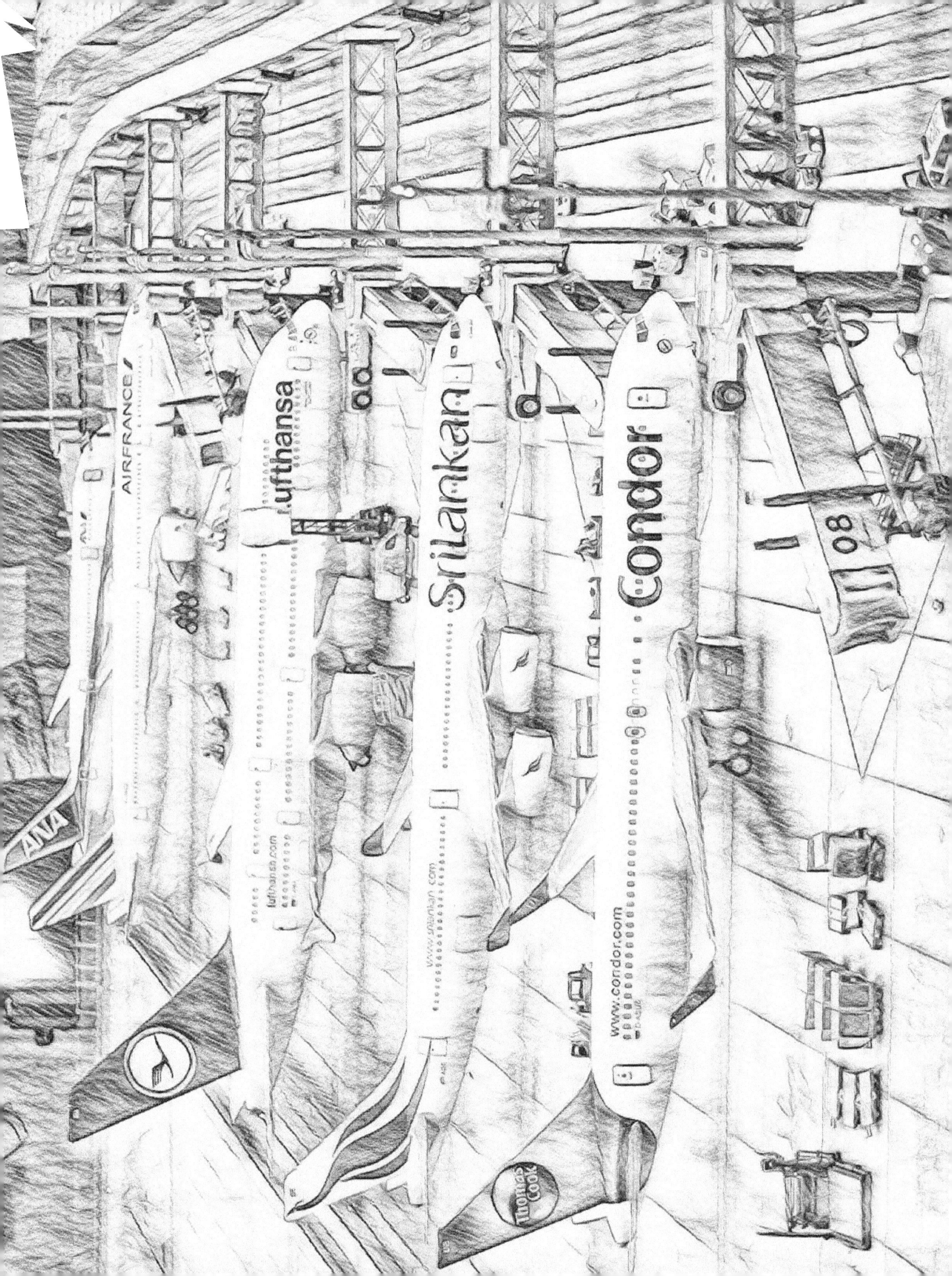

For Your
Design

For Your
Design

For Your
Design

For Your
Design

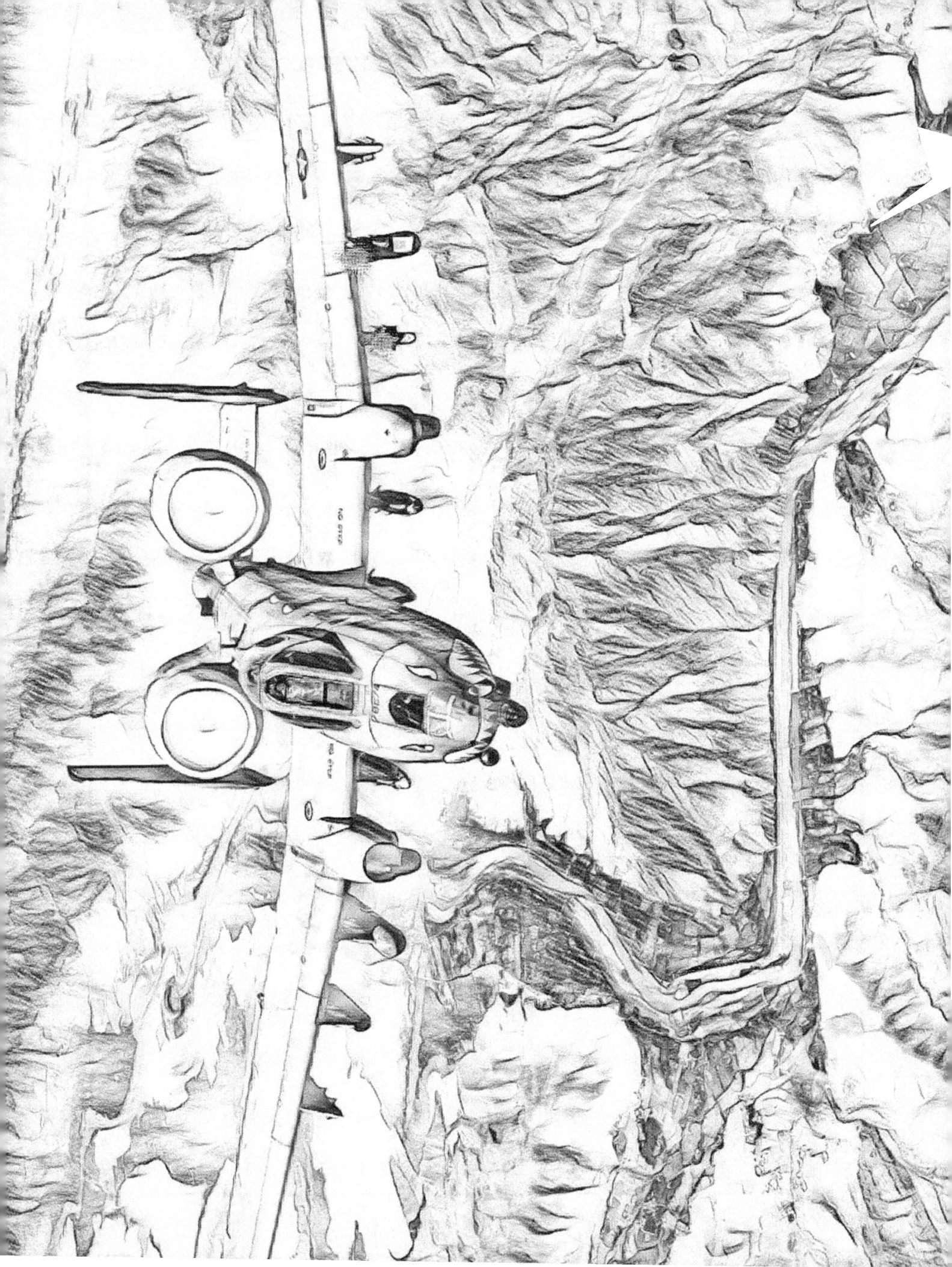

For Your
Design

For Your
Design

For Your
Design

For Your
Design

For Your
Design

For Your
Design

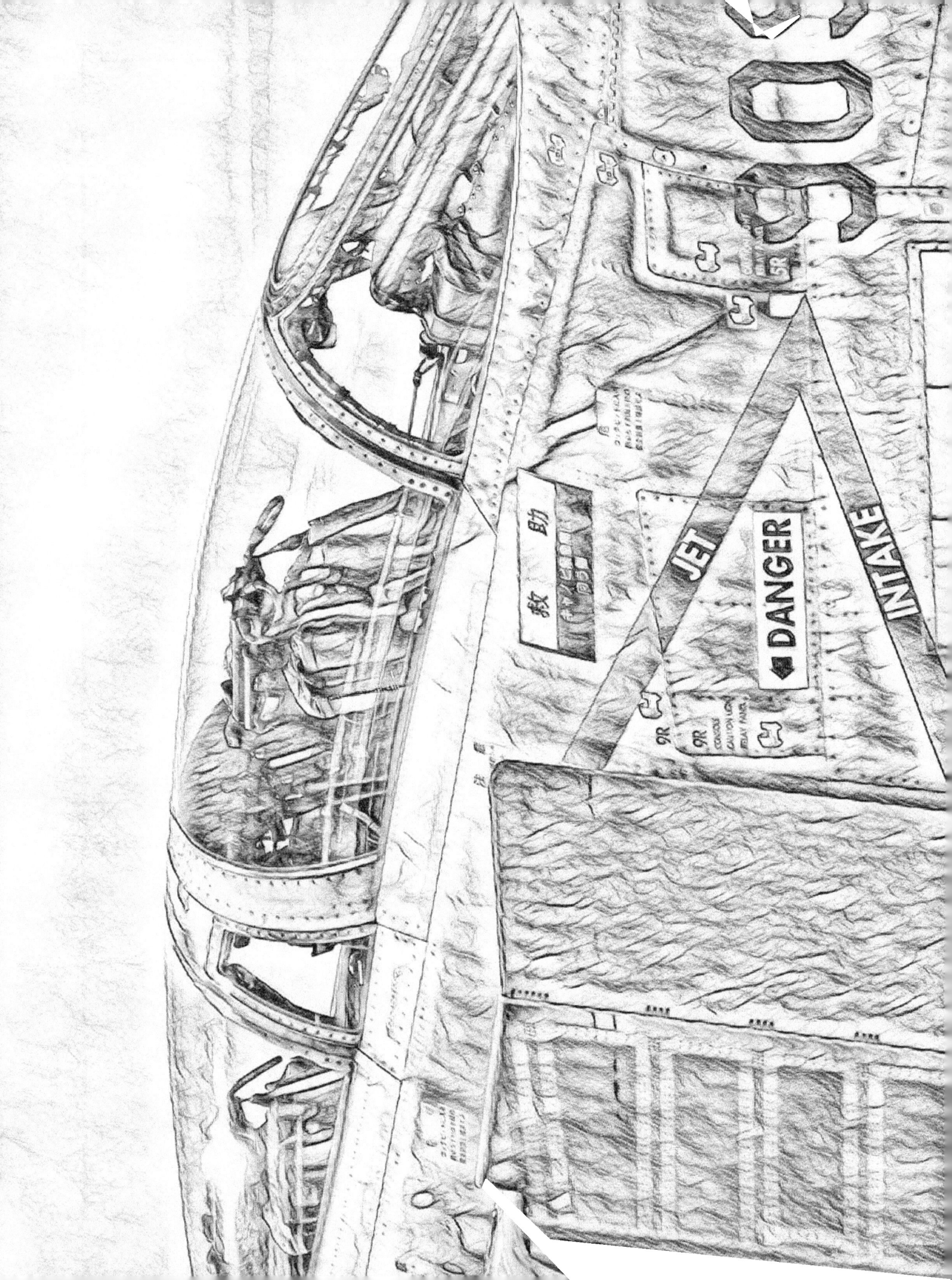

For Your
Design

For Your
Design

For Your
Design

For Your
Design